Krl

UND WIE ER
DIE WELT SAH

*Herausgegeben von
Jean-Christophe Napias und
Sandrine Gulbenkian*

*Mit einem Vorwort von
Patrick Mauriès*

*Illustrationen von
Charles Ameline*

PRESTEL
München · London · New York

Copyright der deutschsprachigen Ausgabe:
© Prestel Verlag, München · London · New York, 2020,
in der Verlagsgruppe Random House GmbH
Neumarkter Straße 28 · 81673 München
5. Auflage, 2023

Published by arrangement with Thames & Hudson Ltd, London.
Die Originalausgabe erschien unter dem Titel
The World According to Karl
© 2013 und 2018 Thames & Hudson Ltd, London
Text © 2013 und 2018 Karl Lagerfeld
Zusammenstellung © 2013 und 2018 Jean-Christophe Napias
und Sandrine Gulbenkian
Vorwort © 2013 und 2018 Patrick Mauriès
Illustrationen © 2013 und 2018 Charles Ameline

Der Verlag weist ausdrücklich darauf hin, dass im Text
enthaltene externe Links vom Verlag nur bis zum Zeitpunkt
der Buchveröffentlichung eingesehen werden konnten.
Auf spätere Veränderungen hat der Verlag keinerlei Einfluss.
Eine Haftung des Verlags ist daher ausgeschlossen.

Projektleitung: Claudia Stäuble, Stella Christiansen
Übersetzung: Eva Plorin und Brita von Maydell
Satz: a.visus Michael Hempel
Herstellung: Andrea Cobré, Carolin Michnick
Druck und Bindung: C&C Offset Printing Co. Ltd

Penguin Random House Verlagsgruppe FSC® N001967

Printed in China

ISBN 978-3-7913-8676-8

www.prestel.de

INHALT

Vorwort *Patrick Mauriès* 6

Karl über das Leben 10

Karl über Mode 26

Karlismen 1 38

Karl über Stil 50

Karl über Karl 1 58

Karl über Chanel 70

Karl über Luxus 82

Karl über den Körper 90

Karl über Einfälle 100

Karl und die Provokation 112

Karl über Berühmtheit 124

Karlismen 2 128

Karl über Bücher 138

Karl und Elisabeth 146

Karl über Karl 2 158

Quellen 174

DIE IKONE

Wer Karl Lagerfeld ein wenig kannte – beinahe wollte ich schreiben, den »wahren«, der sich hinter der dunklen Brille verbarg, die ihn sehen ließ, ohne gesehen zu werden –, wusste, wie sehr er im Moment der Gegenwart lebte. Wer den anderen Karl Lagerfeld oder einen der anderen kannte, der wusste, wie sehr dieser von der langjährigen Beschäftigung mit den Briefen einer Liselotte von der Pfalz, einer Madame du Deffand oder einer Julie de Lespinasse geprägt wurde, von der Lebenskunst und der Komplexität, die sich im Denken dieser klugen Frauen des 18. Jahrhunderts spiegelten. Schon wer Karl Lagerfeld nur einmal begegnet war oder ihn auch nur auf dem Bildschirm erlebte, wusste um seine Geistesgegenwart, dieses Gespür für geschliffene, pointierte Wortgefechte, wie sie die Pariser Salons prägten. Das schien in seinem Wesen zu liegen, und seine Mutter, die er oft erwähnte und die ihm, wie man sehen wird, in Sachen Schlagfertigkeit das Wasser reichen konnte, ging ihm darin voran. Nicht der Treppenwitz war seine

VORWORT

Sache, dafür ein erstaunlicher Redefluss, der sein Gegenüber mitunter schwer zu Wort kommen ließ.

Die Türen der Salons haben sich vor langer Zeit geschlossen. Die letzte Glut einer alten Tradition verlosch wohl gegen Ende der 1960er-Jahre mit dem Abtreten einer alten, geistig im 19. Jahrhundert wurzelnden Garde aus Persönlichkeiten wie Anna de Noailles und Louise de Vilmorin. In dieser Zeit entfalteten sich auch neue Lebensstile, neue Wege innerhalb der Gesellschaften und der Künste und nebenbei gesagt auch die Prêt-à-porter-Mode, deren Entwicklung Karl Lagerfeld seit ihren Anfängen begleitet hatte und die er so erfolgreich für sich zu nutzen wusste.

Inzwischen sind wir im Zeitalter des »globalen Salons« angekommen, wo der bloße Austausch immer mehr die Konversation ablöst und den Äther verstopft, wo pausenlos eine Neuheit die andere jagt und es unabdingbar ist, sich stets auf dem Laufenden zu halten. Und darauf verstand sich wohl kaum jemand besser als Karl Lagerfeld: Bereitwillig und

VORWORT

mehrsprachig stellte er sich den tagtäglichen Anfragen der Presse und der virtuellen Medien und es schien ihm offenkundig Vergnügen zu bereiten. Worte prasseln auf die Fragenden nieder, werden aufgegriffen und weitergereicht, verbreiten sich schließlich auf der ganzen Welt. Doch ihr Schicksal ist, sich im Staub der Gegenwart zu verlieren, gewiss nicht zum Missfallen unseres Helden, den die Nachwelt nicht kümmerte, und der, nach eigenen Worten, nur darauf aus war, sich in alle Winde zu verstreuen.

Eine Vorstellung, die die Herausgeber dieses Bandes wiederum beunruhigte. Deshalb haben sie zusammengetragen, was andernfalls womöglich verschwinden würde, ohne mehr als ein flüchtiges Lächeln zu hinterlassen. Entstanden ist eine Art chinesisches (Selbst-)Porträt, bei dem sich über Analogien und Assoziationen das Wesen einer Person erschließt: Die einzelnen Facetten (oder Kapitel) setzen sich zu einer persönlichen Sicht auf das Leben zusammen und zeichnen bei aller Lückenhaftigkeit das fesselnde Bild eines irrlich-

VORWORT

ternden Charakters. Es liegt beim Leser, über die Ähnlichkeit des Porträts zu urteilen. Er wird die Intelligenz und Vielschichtigkeit einer Persönlichkeit ermessen, die Maskenspiel und Ausweichmanöver virtuos beherrschte, die nicht so sehr Konventionen trotzte, als vielmehr völlig unabhängig und treffsicher ihre eigenen Werte benannte.

Die an diesem Projekt Beteiligten haben zumindest eines gemeinsam: die unerschütterliche Leidenschaft für das gedruckte Buch. So modern, ja hypermodern Karl Lagerfeld auch war, es heißt, dass er stets drei Exemplare von einem Buch kaufte: eines, um es zu lesen, ein zweites, um es zu zerschneiden, und das dritte für eine seiner Bibliotheken. Als die Idee aufkam, diesen außergewöhnlichen Freigeist und Experten der »deutlichen Worte« zu würdigen, lag es auf der Hand, die Hommage in gedruckter Form zu bringen, als Buch, das er auf einen der Stapel legen konnte, die ihn umgaben.

Patrick Mauriès

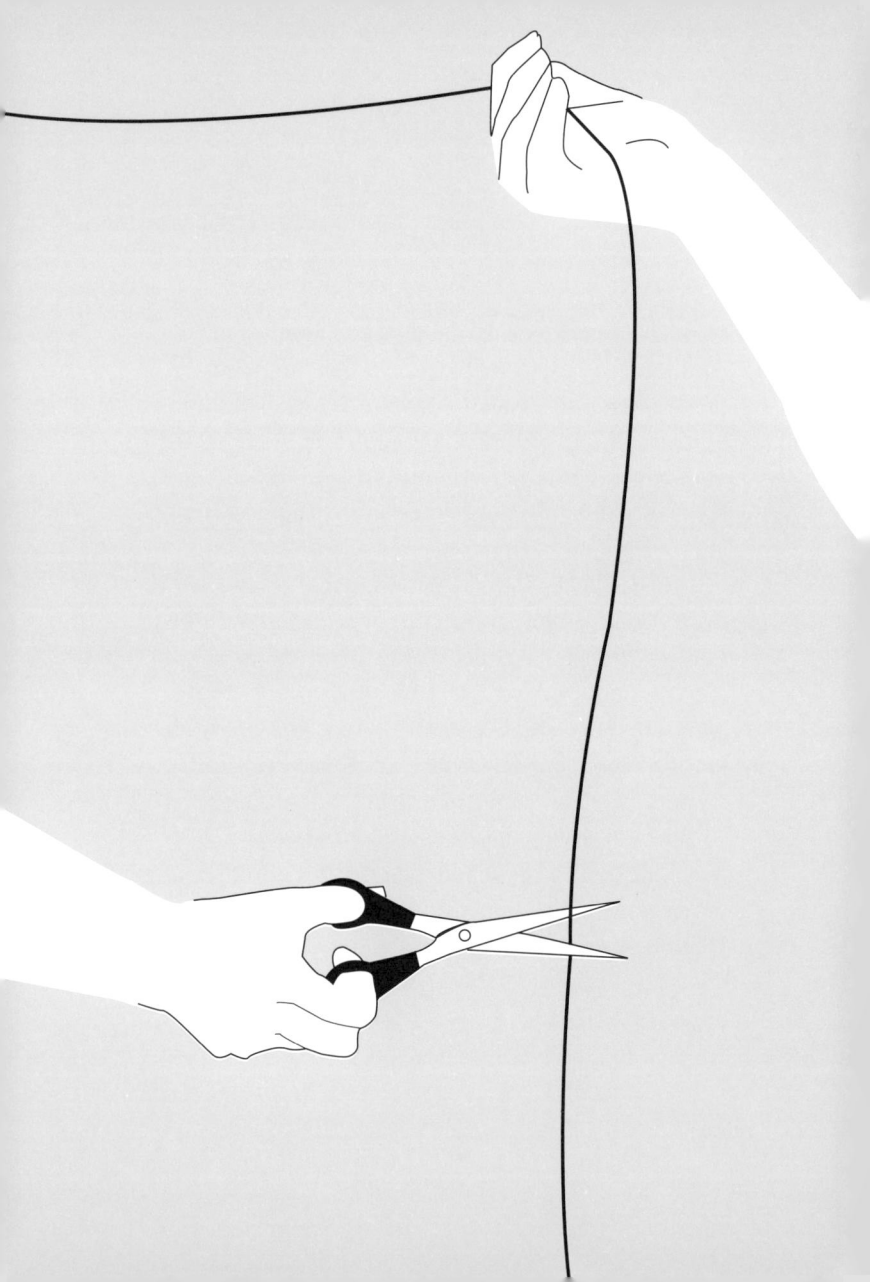

KARL
ÜBER
DAS
LEBEN

KARL ÜBER DAS LEBEN

Ich bin ein Zeuge, einer aus dem Publikum, der die Welt aus seiner Loge beobachtet. Umso besser, wenn es da auch noch gemütlich ist. In der Loge fühle ich mich besser als auf der Bühne. Heutzutage findet die Schau im Zuschauerraum statt. Manchmal ist sie grauenhaft, aber selten langweilig. Ich würde gern noch hundertzwanzig Jahre leben, um zu sehen, was aus der Welt wird.

Mit der Menschheit halte ich es wie Jean Rostand mit den Insekten: Ich beobachte sie. Dagegen mag ich es gar nicht, wenn man mich beobachtet. Letztlich ist mir das aber auch egal, denn ich spiele rund um die Uhr eine Rolle – sogar vor mir selbst.

Ich habe mir meine eigene Wirklichkeit aufgebaut. Ich habe mir eine Welt geschaffen, in der ich gut leben kann. Ich genieße den Luxus, Mittelpunkt meines ureigenen Universums zu sein.

Meine Autobiografie?
Die muss ich nicht schreiben.

Ich lebe sie gerade.

Ich arbeite

RUHIG, KÜHL, ORGANISIERT.

Ich hasse Hysterie.

KARL ÜBER DAS LEBEN

*Ich hasse Urlaub! Das ist etwas für Leute,
die nie rauskommen und jeden Tag dasselbe tun.
Ich bin dagegen ständig unterwegs, Mailand, Paris,
New York, ich arbeite zwanzig Stunden am Tag,
einfach weil ich es so will. Ich bin der Inbegriff eines
Selbstständigen.*

*Ich fordere den 48-Stunden-Tag. Mit nur 24 Stunden
komme ich nicht aus.*

*Mein Ziel ist seit jeher, mehr zu arbeiten als die
anderen, um ihnen ihre Überflüssigkeit vor Augen
zu führen.*

*Ich nehme nichts allzu ernst. Die Dinge fliegen
mir einfach zu. Bei der Arbeit folge ich meinem Instinkt,
ohne mir dauernd Fragen zu stellen. Ich bin kein
sehr seriöser Mensch.*

KARL ÜBER DAS LEBEN

Ich weiß, Rache ist kleinlich und schäbig, aber warum soll ich es einem, der mir etwas angetan hat, nicht heimzahlen?

Irgendwann, wenn die Sache längst vergessen scheint, ziehe ich ihm den Stuhl unter dem Hintern weg – manchmal erst zehn Jahre später.

KARL ÜBER DAS LEBEN

Ich habe nie geraucht, nie getrunken, nie Drogen genommen, aber sauertöpfische Puritaner und Calvinisten wie ich sind mir ein Gräuel. Ganz im Gegenteil, ich mag nur Leute, die kiffen, die trinken, rauchen und die all das tun, was ich nicht tue. Manche sind dazu geboren, sich zu zerstören. Ich bewundere das fast schon, aber ich bin fürs Überleben gemacht. Mein Selbsterhaltungstrieb ist stärker und das hat mir immer geholfen. Ohne Netz, kein Trapez.

Psychoanalyse? Sie tötet die Kreativität. Und wenn man ehrlich zu sich selbst ist, kennt man doch auf alle Fragen die Antworten. Ich brauche keinen Psychoanalytiker – was der mir sagt, weiß ich doch schon alles selbst.

KARL ÜBER DAS LEBEN

*Ich trinke nie etwas Warmes. Ich mag
heiße Getränke nicht. Das ist schon seltsam.
Ich trinke von morgens bis abends Coca light eiskalt,
selbst mitten in der Nacht.*

*Kinder wollte ich nie haben. Denn wenn mein
Kind mir überlegen wäre, wäre mir das nicht recht
gewesen, und wenn es mir unterlegen wäre,
hätte mir das auch nicht gepasst.*

*Wäre ich eine Frau, hätte ich Kinder. Aber ich bin
keine Frau und damit hat sich das Thema erledigt.*

*Als Kind träumte ich davon, erwachsen zu sein.
Ich fand es erniedrigend, ein Kind zu sein, so als
wäre man ein Mensch zweiter Klasse.*

KARL ÜBER DAS LEBEN

Ich besitze immer noch die Möbel aus meinem Kinderzimmer. Sie sind das Einzige, was ich nach dem Tod meiner Eltern von der Einrichtung behalten habe. Wenn ich eines Tages zu einem kleinen alten Mann zusammengeschrumpft sein werde, dann werde ich in diesen Möbeln leben, dem Sofa, der Kommode, den Sesseln, dem Tisch, an dem ich als Kind gezeichnet und gelernt habe …, und dann wieder in meinem Kinderbett schlafen.

Ich bin umgeben von jungen und schönen Menschen. Der Anblick von Hässlichkeit ist mir ein Graus.

Ich liebe es, mich mit Büchern, Papier, Stiften und Musik zu umgeben, um zu zeichnen und gründlich nachzudenken, mein Hirn durchzupusten und Briefe zu schreiben. Ich fühle mich nie einsam. Einsamkeit ist für mich, wenn jemand alt, krank und arm ist und niemanden hat, der zu ihm gehört. Aber für jemand, der ein bisschen bekannt und wohlhabend ist, ist Alleinsein der absolute Luxus.

KARL ÜBER DAS LEBEN

Ich möchte nicht gern Schauspieler sein, mein ganzes Leben ist ja sowieso schon eine Pantomime.

Als ich jung war, wollte ich Karikaturist werden, und letztlich bin ich eine Karikatur geworden.

Jeden Morgen brauche ich eine Viertelstunde zum Stylen. Dann werde ich zum Darsteller meiner Rolle. Das ist eine echte Berufskrankheit.

Ich lebe sehr gut mit mir selbst, das ist der allergrößte Luxus.

Dass die Leute, die mir auf der Straße nachlaufen und sich mit mir fotografieren lassen wollen, sehr jung sind, gefällt mir sehr. Ich halte das für einen sehr großen Erfolg.

KARL ÜBER DAS LEBEN

Die Person, die ich den Medien zeige, ist eine Marionette. **AN DER ICH SELBST DIE FÄDEN ZIEHE.** Wichtig ist nur, dass jeder Griff sitzt.

KARL ÜBER DAS LEBEN

Über mich kann man
alles sagen und schreiben,
was man will,
jedenfalls fast alles,
denn ich lebe
nach der Devise:

*»ERZÄHLT,
WAS
IHR
WOLLT,
HAUPTSACHE,
ES
STIMMT
NICHT.«*

KARL ÜBER DAS LEBEN

Ich beobachte und deute die Welt von meinem Fenster aus. Anschließend gehe ich auf Reisen, um herauszufinden, ob dort wirklich alles so interessant ist, wie ich es mir immer vorgestellt habe.

Ich habe keine Probleme. Das ist das Wunder meines Lebens. Es gibt keine Probleme, nur Lösungen – gute oder schlechte.

Heute lebe ich mit mir selbst. Aber ich sehe auch mich immer neben mir, also bin ich immer zu zweit. Und der eine macht sich über den anderen lustig.

Mein Leben ist Science-Fiction. Oder zumindest hat die Kluft zwischen dem, was die Leute über mich zu wissen glauben, und der Wirklichkeit etwas von Science-Fiction. Die Wirklichkeit ist anders … und viel weniger unterhaltsam.

KARL ÜBER DAS LEBEN

Zum Essen ausgehen ist nicht mein Ding. Die Leute laden mich nicht nach Hause ein, wahrscheinlich aus Angst vor meinem Urteil über sie oder ihre Wohnung.

Ich will keine Freunde nur für schlechte Tage. Ich finde das unangenehm. Ich möchte Freunde auch für gute Tage. Das ist meine Definition von Freund. Um den Rest kümmere ich mich schon selbst.

Bei mir ist ein Instinkt stärker als alle anderen: der Selbsterhaltungstrieb.

Im Übrigen brauche ich nie einzukaufen, da ich ja kaum esse!

Außer zeichnen, reden und lesen kann ich nicht viel. Ich kann einen Kühlschrank aufmachen, aber ganz sicher nicht kochen.

LEUTE.
DIE ALLES ERZÄHLEN.
FINDE ICH ENTSETZLICH.

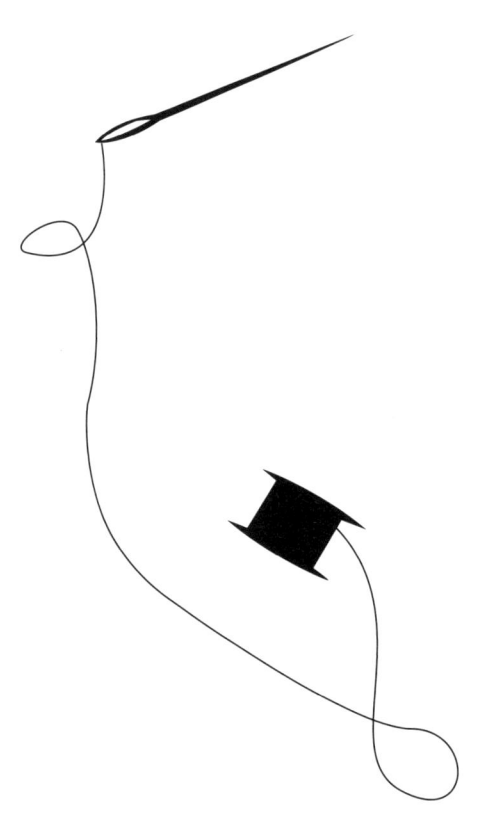

KARL
ÜBER
MODE

Ich liebe das
VERGÄNGLICHE:
Die Mode
IST MEIN BERUF.

KARL ÜBER MODE

*Ich hasse die Leute, die in diesem Beruf in einer
bestimmten Epoche stehen bleiben und die glauben,
dass die Welt verrückt wird. Die Welt irrt nicht,
sie verändert sich.*

*Die Mode ist etwas für den Augenblick. Das Beste,
was einem Kleid passieren kann, ist, dass es getragen
wird. Man macht Mode nicht fürs Museum.*

*Wenn niemand die Sachen trägt, ist das Avantgarde.
Im Französischen reimt sich das Wort* avant-garde
auf ringard *und das heißt Spießigkeit.*

*Ich gebe gern viel Geld für Kleidung aus, weil
ich selbst Kleidung mache und viel Geld mit Kleidung
verdiene.*

KARL ÜBER MODE

Wenn ich Designer über die Schwierigkeiten ihrer Kreation jammern höre, dann kann ich nur sagen: Man sollte es nicht übertreiben. **ES GEHT JA SCHLIESSLICH NUR UM KLEIDER.**

KARL ÜBER MODE

Trend *ist der Anfang von* has been.

In der Mode muss man ständig zerstören, um sich zu erneuern. Das lieben, was man gehasst hat, und das hassen, was man geliebt hat.

Mode ist oberflächlich. Das muss man akzeptieren, wenn man Mode zu seinem Beruf machen will.

Ich erinnere mich an eine Modeschöpferin, die behauptete, ihre Kleider würden nur von intelligenten Frauen getragen. Natürlich ist sie pleitegegangen.

KARL ÜBER MODE

*Was allein durch Mode ausgedrückt wird, ist nicht
von Dauer. Es ist der Stil, der von Dauer ist,
aber er muss der Mode folgen, um sie zu überleben.
Wie zum Beispiel bei Chanel.*

*Man kann sagen, dass die Mode Trends kreiert und
dass die Idee von Eleganz der Mode unterworfen ist.*

*Die Zeiten haben sich geändert, die Kriterien
ändern sich: Es gibt keine Mode-Aristokratie mehr.*

*Mode ist der Esprit, den man Dingen einhaucht,
damit sie sich weiterentwickeln.*

Jede Epoche hat die Mode, die sie verdient.

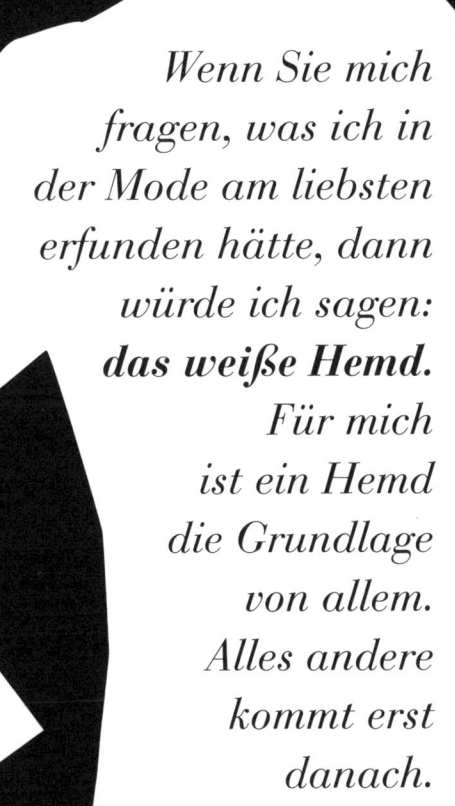

Wenn Sie mich fragen, was ich in der Mode am liebsten erfunden hätte, dann würde ich sagen: **das weiße Hemd.** *Für mich ist ein Hemd die Grundlage von allem. Alles andere kommt erst danach.*

KARL ÜBER MODE

Mode zu lieben heißt auch, sie zu tragen.

Mode ist eher eine Einstellung als ein Detail der Kleidung.

Mode ist wie das Meer oder die Liebe. Wie Grillparzer sagte: »Des Meeres und der Liebe Wellen, es kommt und geht ...«

Die jungen Designer sind sicher sehr nett, aber oft haben sie nicht genügend Fachkenntnisse. Valentino oder ich haben jahrelang gearbeitet, er bei Dessès, ich bei Balmain, und wir wussten, dass wir nicht da waren, um den Kunstkritiker zu spielen, sondern um zu lernen.

KARL ÜBER MODE

*Mode ist wie Musik;
es gibt jede Menge Noten,
mit denen
man spielen muss.
Jeder kann daraus seine
eigene kleine Melodie
komponieren.*

KARL ÜBER MODE

Mode ist ein Spiel,

das mit Ernst gespielt werden muss, nur darf man es nicht merken.

KARL ÜBER MODE

*Mode ist weder moralisch noch unmoralisch,
sondern dazu da, die Moral zu heben.*

Mode? Alles ist Mode!

*Mode besteht aus zwei Dingen: aus Kontinuität
und dem Gegenteil. Also muss man immer in
Bewegung bleiben.*

Mode ist vergänglich, gefährlich und ungerecht.

KARLISMEN
1

KARLISMEN I

Auf Glück gibt es keinen Anspruch.
Das muss erarbeitet werden und kostet Mühe.

Früher waren die Menschen gleichzeitig ernsthaft
und unbekümmert, würdevoll und amüsant.
Die Zeiten haben sich geändert.

Jede Epoche hat den schlechten Geschmack,
der ihr entspricht.

Früher klingelten die Leute, die glaubten zur
»besseren Gesellschaft« zu gehören, ständig nach
dem Personal. Heute klingelt es ständig bei ihnen
und sie fühlen sich immer verpflichtet sofort zu
antworten, so als ob sie in der Telefonzentrale eines
Luxushotels arbeiteten, während der Saison oder
zu den Stoßzeiten.

Das Einzige von Dauer
ist das Vergängliche.
**DIE HINFÄLLIGKEIT
DES LEBENS
UND DER MODE**
gefällt mir.

KARLISMEN I

Man muss den Mut haben, zu seinen Untaten zu stehen.

Kunst ist etwas, das man empfindet. Kunst braucht man nicht zu besitzen.

Arbeiten heißt, eine Tätigkeit auszuüben, die man nicht mag. Sobald man liebt, was man tut, ist es keine Arbeit mehr.

Politiker haben ein Problem: Sind sie zu gut angezogen, ist das nicht in Ordnung. Sind sie nicht gut genug angezogen, ist es auch nicht recht. Sie müssen also die goldene Mitte finden und das ist gar nicht so einfach.

Um allen Höhen gewachsen zu sein, muss man auch alle Abgründe kennen.

KARLISMEN I

Der Begriff der Hässlichkeit hat sich gewandelt. Die innere Hässlichkeit ist heute von größerer Bedeutung als die äußere Hässlichkeit.

Entscheidend ist nicht, auf allen Ebenen vernetzt zu sein, sondern gut vernetzt zu sein.

Man darf nie Angst vorm Fortschritt haben, sonst ist man erledigt.

Zu glauben, das Äußere habe heutzutage keine Bedeutung mehr, ist eine Lüge. Es ermöglicht, im Einklang mit sich selbst zu leben.

Die Persönlichkeit fängt da an, wo Vergleiche aufhören.

KARLISMEN I

DER NERZ IST EIN SEHR BÖSES TIER, DAS DEN MENSCHEN HASST.

KARLISMEN I

Frustration ist die Mutter des Verbrechens;
ohne Prostituierte und Pornofilme gäbe es noch
viel mehr Verbrechen.

Wer zu ordentlich ist, findet immer nur das,
was er gesucht hat. Er erlebt nie Überraschungen und
die Freude des zufälligen Wiederfindens.

Homosexualität ist wie eine Haarfarbe, weiter nichts.
Außerdem bleibt einem eine grässliche Schwieger-
tochter erspart, behauptete meine Mutter.

Boshaftigkeit ist verzeihlich, wenn sie geistreich ist.
Ohne Grund ist sie unentschuldbar.

KARLISMEN I

Es ist nie zu spät für ein neues Leben.

Veränderung ist die gesündeste Art zu überleben.

Nichts ist schlimmer, als von der »guten alten Zeit« zu sprechen. Für mich ist das die persönliche Bankrotterklärung.

Über die eigene Vergangenheit zu jammern ist der Anfang einer fehlenden Zukunft.

Sobald man denkt, früher sei alles besser gewesen, wird die Gegenwart second hand *und man selbst wird* vintage *– für Kleidung ist das okay, aber für Menschen nicht so toll.*

KARLISMEN I

*Das Leben ist kein Schönheitswettbewerb.
Intelligenz ist von Dauer, Schönheit zeitbedingt.*

*Wenn man jung ist, ist man immer ein bisschen
schwachsinnig. Was uns rettet, ist, dass wir es
später merken.*

*Jugend hat man nur leihweise: Wer sie heute besitzt,
verliert sie schon morgen.*

*Jugend ist ein Erfindung von Leuten eines
bestimmten Alters, um die anderen noch älter
aussehen zu lassen.*

*Jugend ist ein Verein, aus dem jedes Mitglied
irgendwann ausgeschlossen wird.*

KARLISMEN I

Für jeden Erfolg muss man beim nächsten Mal zahlen. Man kann machen, was man will, die Leute werden sagen: »Oh, das war aber nicht so gut wie das letzte Mal.« Man macht danach wieder etwas anderes und normalerweise läuft es wieder. In der Erinnerung sind die Dinge schöner, als sie wirklich waren. Man muss es nur wissen.

Der Kult heute um die Rockstars ist verrückt, weil sogar die Leute, die Jeans eigentlich gar nicht mögen, glauben, sie sehen aus wie Rockstars, wenn sie nur Jeans tragen.

Wenn die Menschen für das, was sie gemacht haben, geliebt werden wollen, sollten sie lieber aufhören.

Man muss Dinge tun, die man eigentlich nicht tun möchte.

Betrachten Sie das Leben durch die rosa Brille.

ABER TRAGEN SIE SIE NICHT!

KARL
ÜBER
STIL

KARL ÜBER STIL

*Wenn ich irgendwelche alten Idioten sagen höre:
»Die Eleganz ist tot«, dann antworte ich:
»Nein, sie hat nur ein neues anderes Leben.«*

Das Wichtigste im Leben ist, sich immer wieder neu zu erfinden.

Wer keine elegante Erscheinung ist, bei dem hilft auch das eleganteste Kleid nicht.

Eleganz ist weder eine Frage der Garderobe noch des Geldbeutels.

KARL ÜBER STIL

WAS IST EIN STIL?
ZUNÄCHST EINMAL DER BRUCH MIT KONVENTIONEN,
EIN RISS
IN DER ANERKANNTEN WIRKLICHKEIT.

KARL ÜBER STIL

Die Kleidung muss nicht dir stehen, sondern du der Kleidung.

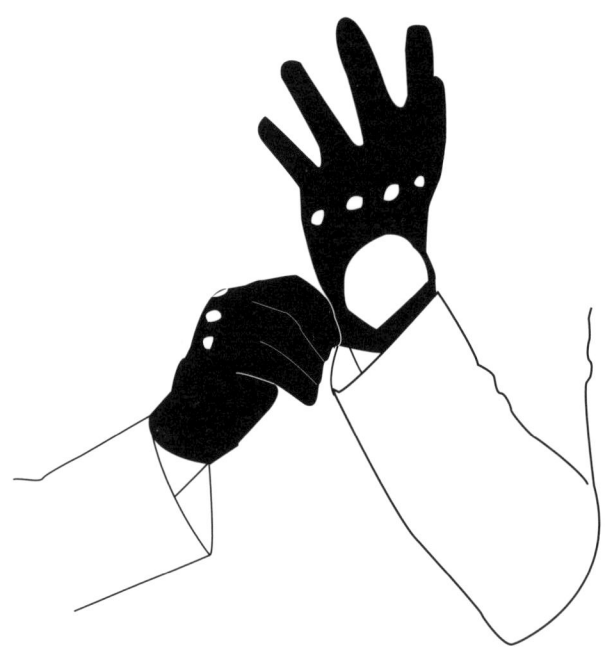

KARL ÜBER STIL

*Eleganz ist eine Frage von Haltung, eine Art,
sich zu bewegen. Kein eingetragenes Markenzeichen;
sie ändert sich mit den Epochen, Ideen, Ambitionen.*

*Heute empfinde ich Eleganz mehr als ein moralisches
oder physisches Phänomen, nicht so sehr als eine
Frage von Stoffen oder Kosmetik.*

*Es kommt ein Augenblick im Leben, an dem
Schönheit und Jugend hinter Stil und Eleganz
zurücktreten müssen.*

*»Distinguiert sein« ist langweilig, das ist kein
moderner Ausdruck. Das ist überholt, so mit einem
Anhauch von Provinzbeamter: »Die Dame oder
der Herr ist sehr distinguiert.« Ich habe nicht die
geringste Lust, distinguiert zu sein, aber ich will
mich gerne von den anderen unterscheiden, und
das heißt nicht, dass man ordinär sein muss.*

KARL ÜBER STIL

Klasse zu haben heißt nichts anderes, als sich in seinem Umfeld wohlzufühlen. Das wirklich Amüsante ist doch letztlich, mit beiden Beinen im Heute zu stehen.

Das übertrieben Lässige, Schlampige an der Sommerkleidung macht mich rasend. Ich habe eine ausgesprochene Abneigung gegen Nachlässigkeit. Das geht gerade noch bei Leuten zwischen 20 und 30 Jahren, aber danach ist es nur noch entsetzlich. Ich hasse den Anblick von Leuten auf der Straße, die aussehen, als hätten sie den Kleiderschrank ihrer Enkelkinder geplündert.

Jogginghosen sind das Zeichen einer Niederlage. Man hat die Kontrolle über sein Leben verloren und dann geht man eben in Jogginghosen auf die Straße.

Ich hätte gern eine Nase mit einem Höcker. Das ist sehr chic.

KARL ÜBER STIL

Eine Frau
ist nie
overdressed
oder
underdressed
mit dem
**kleinen
Schwarzen,**
so banal
es auch
klingt.

KARL ÜBER KARL
1

KARL ÜBER KARL I

Ich bin ein Mensch in Schwarz und Weiß.

Ich bin ein Trapezkünstler mit einem sehr fest geknüpften Netz. Verletzlichkeit berührt mich bei anderen, ist mir aber bei mir selbst eher fremd.

Ob ich glücklich bin? Weiß ich nicht. Nein, so ehrgeizig bin ich nicht.

Ich bin nicht wie Chamfort, der französische Schriftsteller aus dem 18. Jahrhundert, der sich morgens seine Bonmots zurechtlegte, bevor er aus dem Haus ging, und hoffte, sie im Laufe des Tages in der Konversation unterbringen zu können.

Ich bin eine Art Landsknecht: Wenn die Armee etwas taugt, läuft alles gut. Wenn sie aber nichts taugt, kann ich nicht viel daran ändern.

KARL ÜBER KARL I

ICH

bin ein wandelndes Sahnebaiser.
bin mein eigenes iPad.
bin ein Unikat.
bin ein sehr guter Scanner.
stehe mir selbst stets zur Verfügung.
bin weniger schrecklich, als es den Anschein hat.
bin zum Alleinsein geboren.
bin zum Machen, nicht zum Gemachthaben geboren.

KARL ÜBER KARL I

**ICH BIN EIN
SCHWARZER DIAMANT,
NOCH UNGESCHLIFFEN.
SCHWARZE DIAMANTEN
SIND SELTEN, UND
SCHWER ZU SCHLEIFEN,
ALSO AUCH SCHWER
VERKÄUFLICH.**

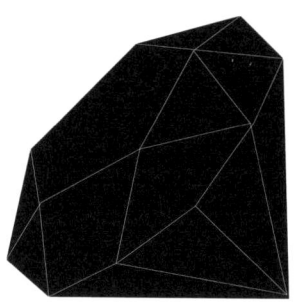

KARL ÜBER KARL I

Es ist nicht so, dass ich mich gut finde, aber es könnte schlimmer sein.

Meine Person habe ich nicht bewusst entworfen. Es ist eine Folge von Zufällen und Entwicklungen, die mich dazu gemacht haben. Da war nichts bewusst geplant.

Mir gefällt die Vorstellung, dass mich die Leute für böse halten. Ich selbst sehe mich eher als harmlosen Menschen.

Ich bin nie mit mir zufrieden. Ich bin in einem ständigen Zustand der Unzufriedenheit, was mich aber nicht daran hindert, äußerst angenehm mit mir selbst zu leben.

Ich liebe Wortspiele. Da bin ich ein guter Kunde.

KARL ÜBER KARL I

Reue und Bedauern kenne ich nicht. Was die Vergangenheit angeht, habe ich Gedächtnisschwund.

Im Grunde bin ich ein alter Literaturprofessor, nur dass ich keinen Unterricht gebe. Genau so ist es. Ich bin mein eigener Lehrer und meine Neugierde wächst mit dem Alter. Selber habe ich nichts gelernt.

Meine Verträge sind auf Lebenszeit. Also bin ich zum Leben verurteilt.

Ich habe nichts weiterzugeben. Bei mir ist alles nur Schein. Auf jeden Fall möchte ich, dass es so wirkt.

Normale Leute halten mich für verrückt, nur weiß ich nicht, was normal ist.

KARL ÜBER KARL I

*Ich bin ein
lebendes LABEL.
Mein Name ist*

und nicht Lagerfeld.

Ich bin wie eine
Karikatur meiner selbst.
WIE EINE MASKE.
Für mich ist das ganze
Jahr Fasching.

KARL ÜBER KARL I

Ich bin ständig sauer auf mich selbst.

Ich bin der König des iPod!

Ich bin schon so lange da, dass selbst die Steinzeitmenschen nicht gegen mich ankommen.

Ich bin gleichzeitig anwesend und abwesend.

Ich bin Puritaner, aber man darf es nicht merken.

Ich bin total puritanisch: Ich mag keinen Alkohol, ich mag keine Drogen, ich habe nie geraucht, ich war nie sexbesessen. Ich bin ein Ausbund an Tugend, ein verdienstloser Tugendpinsel.

KARL ÜBER KARL I

Ich bin für die allgemeingültige Meinung einer einzelnen Person.

Ich bin oberflächlich mit einer großen Oberfläche.

Ich bin Einwohner von Nirgendwo. Ich bin ein freier Europäer.

Ich bestehe aus drei Personen: eine Person, wenn ich englisch spreche, eine andere, wenn ich deutsch spreche, und wenn ich französisch spreche, bin ich wieder jemand anderes.

Ich bin eine totale Improvisation.

Ich habe nicht die geringste Lust auf Normalität, falls ich denn wüsste, was das heißt.

Ich

*bilde mir ein,
die Bescheidenheit*

selbst

zu sein.

KARL
ÜBER
CHANEL

KARL ÜBER CHANEL

*Der Erfolg von CHANEL beruht darauf,
dass es ihnen gelungen ist, die Identifikationsmerkmale
aufzuzwingen. Eine zeitlose kleine Melodie aus
fünf Noten, an der man sofort das Wesentliche
von Chanel erkennt: Luxus und Eleganz.*

*Ich versuche es, den Stil von Chanel weiterzuentwickeln,
frei nach Goethe: Mit den erweiterten Elementen der
Vergangenheit eine bessere Zukunft schaffen.*

*Letztlich bin ich nur ein Söldner mit dem Auftrag,
die Marke am Leben zu erhalten. Und mit dieser Marke
kann man sich nicht irren.*

*Chanel hat uns weit mehr als ihre Mode hinterlassen,
einen Stil. Und der Stil, wie sie ihn erfunden hat,
kann sich allen Epochen anpassen, solange er in den
richtigen Händen ist.*

KARL ÜBER CHANEL

Ich jongliere mit dem, was ich über sie weiß und was ich mir vorstelle.

Sie hat das erfunden, was man den
»total look« nennt.
Sie war die Erste, die ein
»Parfum mit einem Frauenduft«
haben wollte, ganz für sich allein,
wovon alle Frauen träumten.
Schmuck für ihre Kollektion.
Hüte, Schuhe, Kettengürtel,
die *camélia* als Anstecknadel.
Vom Krawattenknoten bis zur
Handtasche hat sie das
Accessoire sublimiert,
**aus dem Unbedeutenden
das Unentbehrliche** gemacht.

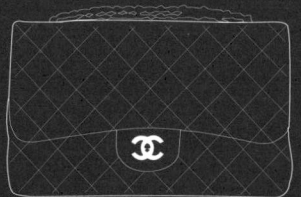

KARL ÜBER CHANEL

*In den Dreißigerjahren war sie für ihre Abendkleider
in Spitze sehr viel bekannter als für ihre Kostüme.
Wenn ich Spitze höre, denke ich sofort an Chanel.
Im Französischen reimt sich das:* dentelle – Chanel …

*Die Coco Chanel der Anfangsjahre ist mir die Liebste,
die rebellische, exzentrische, die sich eines Abends
vor einer Opernpremiere die Haare abschnitt,
weil bei der Explosion eines Boilers ihr einmalig
schönes Haar verbrannt war. Ich mag die
Boshaftigkeit ihres Humors, ihre Intelligenz.
Es ist diese Chanel, an die ich denke, wenn ich
meine Kollektionen entwerfe.*

*Was ich mache, hätte Coco Chanel sicher nie gemacht.
Sie hätte es wahrscheinlich gehasst.*

KARL ÜBER CHANEL

Ich liebe
die Idee von
Chanel,
aber ich bin nicht Chanel.

KARL ÜBER CHANEL

Coco Chanel war eine Frau ihrer Zeit. Sie war keine Spießerin, die in der Mode auf das Vergangene schaute. Ganz im Gegenteil, sie hasste die Vergangenheit, ihre eigene eingeschlossen, und das ist der Ursprung von allem. Deshalb muss Chanel auch heute der Ausdruck des Jetzt sein.

Ich kenne die DNS von Chanel bestens und sie ist stark genug, dass man nicht darüber reden muss.

Später war das Ziel von Coco Chanel, eine perfekte Dame zu werden. Aber irgendwann wird diese Perfektion schnell zum Synonym für Langeweile – und dagegen muss ich kämpfen. Ich muss der eventuellen Langeweile ein frisches Bild der Marke Chanel entgegensetzen, das von heute ist, ohne Verbindung zur Vergangenheit, weil die Vergangenheit nichts als eine Vorstellung, eine Idee sein darf. Wenn man sie als Diktat akzeptiert, kann es tödlich wirken.

KARL ÜBER CHANEL

Man vergisst leicht, dass es eine Zeit gab, in der Chanel nicht mehr »modisch« war. Nur noch Spießbürgerinnen trugen Chanelkostüme. Keiner traute sich mehr da ran; es war hoffnungslos und ohne Zukunft.

Coco Chanel selbst hatte einen sehr persönlichen Stil, aber sie galt nicht als wirklich elegant – das war ihr Drama.

Ob Coco Chanel böse war? Den Männern gegenüber jedenfalls nicht! Sie hat sie um den Finger gewickelt. Sie konnte Charme versprühen wie keine Zweite. Frauen dagegen konnte sie nicht ausstehen. Sie sagte sogar, sie seien nicht besonders sauber und ungepflegt.

Ein Hauch von Humor und ein klein wenig Respektlosigkeit, das ist alles, was man braucht, um eine Legende am Leben zu erhalten.

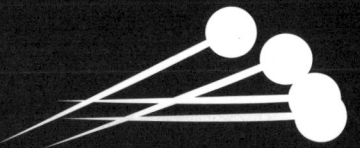

KARL ÜBER CHANEL

Chanel steht für einen Look, der sich jeder Epoche und jedem Alter anpassen lässt. Es gehört in jeden Kleiderschrank wie das T-Shirt, wie Jeans oder das weiße Hemd. Die Chanel-Jacke ist wie der Anzug mit zwei Knöpfen für Männer.

Das Genie von Mademoiselle bestand darin, das Kostüm, die camélia *oder die Goldkette so zu präsentieren, als hätte sie selbst sie erfunden. Ein bisschen wie Charlie Chaplin mit seinem Stock, seinem Hut, seinem Schnurrbart und der Schlotterhose.*

Der Stil Chanel ist ein Egotrip. Sie hat alles für sich selbst gemacht. Um sich durchzusetzen.

Meine Katze Choupette erinnert weniger an Chanel als an Jean Harlow.

KARL ÜBER CHANEL

Meine Aufgabe besteht nicht darin, die Chanel-Jacke zu respektieren, sondern **sie unserer Zeit anzupassen.** *Oft ohne den Rock. Das Kostüm ist nicht mehr das Wichtigste, sondern die Idee der Jacke, die zu allem passt.*

KARL
ÜBER
LUXUS

KARL ÜBER LUXUS

Man muss sein Leben in Einklang bringen mit seinen Vorstellungen von sozialer Gerechtigkeit und sein ganzes Geld weggeben und das Leben leben, für das man kämpft. So sollte es sein. Ich hasse es, wenn die Reichen auf ganz links machen. Ich finde das obszön.

Wenn man sein Geld zum Fenster hinauswirft, dann sollte man es mit Freuden tun. Man sollte sich nie sagen: »Das sollte ich eigentlich nicht tun«, das klingt spießig.

LUXUS
IST EINE WISSEN-
SCHAFT.

KARL ÜBER LUXUS

Heute bedeutet
Luxus oft:
TEURE SACHEN,
DIE VON LEUTEN GEKAUFT
WERDEN,
die nicht unbedingt
im Luxus leben.

KARL ÜBER LUXUS

*Luxus ist geistige Freiheit, Unabhängigkeit, kurz:
politisch unkorrekt zu sein.*

*Das Wesentliche ist, dass die Leute nicht auf
ihrem Geld sitzen bleiben. Man muss etwas anbieten,
was es ihnen aus den Taschen zieht.*

*Was ist das nur für eine eigentümliche Idee,
ständig die Gegenwart anderer zu benötigen?
Alleinsein kann der Höhepunkt des Luxus sein,
wenn es einer freien Wahl entspricht.*

KARL ÜBER LUXUS

*Sammeln ist amüsant, Besitzen nicht unbedingt,
das ist eher ein Angriff auf die Freiheit.
Man muss erst einmal Geld besessen haben, um
zu wissen, ob man es mag oder nicht. Menschen,
die nie Geld hatten und behaupten, ohne Geld
glücklicher zu sein, wissen nicht, wovon sie sprechen.
Aber alle, die Geld haben und es nicht mögen,
die sollen es doch einfach abgeben. Geld ist dazu da,
im Umlauf zu sein, und nicht um es zu vermehren.
Ich liebe Menschen, die über ihre Verhältnisse leben,
die das Geld aus dem Fenster werfen, Abenteurer.
Die wirkliche Gefahr sind die Menschen, die reich sind,
aber Angst davor haben, Geld auszugeben.*

KARL ÜBER LUXUS

MEIN GRÖSSTER LUXUS IST, MICH VOR NIEMANDEM RECHTFERTIGEN ZU MÜSSEN.

KARL *ÜBER* DEN KÖRPER

KARL ÜBER DEN KÖRPER

*Bis zu meinem 24. Lebensjahr
habe ich viel trainiert.
Da war alles schön hart
unter der Haut, nur später etwas
»gepolstert«. So ein wenig gewellt,
wie die Chanel-Taschen.
Aber das habe ich wieder wegbekommen.*

KARL ÜBER DEN KÖRPER

Für mich ist der Inbegriff von Luxus, eine Extrascheibe Toast zu essen. Das ist dann das Köstlichste auf der Welt!

In meinem Alter brauche ich kein sexy Muskelpaket mehr zu sein, nein danke. Man sollte sich da immer lieber fragen, wie man besser aussieht: angezogen oder ausgezogen.

Meine Muskeln sind alle wieder da und ich könnte zur Not den Bademeister spielen, aber das ist nicht mehr meine Rolle.

KARL ÜBER DEN KÖRPER

Ich habe meine Diät nicht gemacht, um sexy zu sein. Ich wollte einfach nur ein guter Kleiderbügel werden.

Ein perfekter Kleiderbügel für die körpernahe Mode.

Ich denke, dass die Mode für Männer genauso wie für Frauen die gesündeste Motivation zum Abnehmen ist.

KARL ÜBER DEN KÖRPER

**ICH
WILL
EIN
GUTER
KLEIDERBÜGEL
SEIN.**

KARL ÜBER DEN KÖRPER

MEIN EINZIGER EHRGEIZ IM LEBEN IST, JEANS IN GRÖSSE 30 ZU TRAGEN.

KARL ÜBER DEN KÖRPER

*Weder bei Dior noch in anderen Modehäusern
darf auch nur ein einziger Knopf für mich versetzt
werden, dann kaufe ich es eben nicht, falls
es notwendig ist. Das kommt aber selten vor.*

*Kaufen Sie Kleidung in der Größe, die Sie am
liebsten tragen möchten. Geben Sie alles andere weg,
verschenken Sie es. Wenn Sie dann nur noch diese
Sachen im Kleiderschrank haben und ein Kilo
zu viel auf der Waage, dann reißen Sie sich garantiert
zusammen. Weil es nichts Unangenehmeres gibt
als eine Hose, die in der Taille kneift.*

*Ich bin wie die Marke von Badewannen und
Waschbecken: Ideal Standard.*

KARL ÜBER DEN KÖRPER

Niemand will rundliche Frauen auf dem Laufsteg sehen. Da sitzen die dicken Muttis mit ihrer Chipstüte auf dem Sofa vor dem Fernseher und behaupten, dünne Models wären hässlich. In der Mode geht es um Träume, um Illusionen.

Models sind dünn, okay, aber doch nicht »so« dünn, wie die Presse es uns oft vorwirft.

Stimmt, manche finden mich zu dünn. Aber es sind nie die Dünnen, die mir das sagen, sondern immer die, die ein paar Kilo zu viel haben.

KARL ÜBER DEN KÖRPER

*Eine
Diät
ist
das
einzige
Spiel,
bei
dem
man
gewinnt,
wenn
man
verliert.*

KARL
ÜBER
EINFÄLLE

Ich habe alles in meinem Kopf.

Das ist natürlich viel besser, weil man da alles überallhin mitnehmen kann.

KARL ÜBER EINFÄLLE

Einflüsse liegen in der Luft. Ich bin wie eine Fernsehantenne.

Alles ist Nahrung für mich. Ich bin wie eine Satellitenschüssel, die alles empfängt, aufnimmt, verarbeitet und auf meine Art wiedergibt.

Ich bin mein eigener Computer und speichere alles, was ich sehe. Ich habe Tausende von Referenzen im Kopf.

Zeitgeist ist wichtig. Meine Rolle ist es, Vorschläge zu machen, keine Vorschriften. Was die Frauen dann letztlich damit machen, ist ihre Sache.

Ich liebe es, Dinge zu zerstören, um sie neu aufbauen zu können. Das ist meine treibende Kraft.

KARL ÜBER EINFÄLLE

Zeichnen habe ich
nie gelernt, das ist von
ganz allein gekommen.
Ich versteh nicht, wie
jemand nicht zeichnen
kann. Es können doch
auch alle schreiben.

KARL ÜBER EINFÄLLE

Alles, was mir in meinem Leben gelungen ist, habe ich im Schlaf gesehen. Deshalb liegt neben meinem Bett auch immer ein Zeichenblock.

Die besten Ideen kommen mir im Schlaf, das ist das Drama und das Glück meines Lebens – ich weiß nicht, woher sie kommen. Und das ist es, wovon ich lebe: vom Unbewussten, das sich konkretisiert.

*Ich mache nichts in Bezug auf andere.
Ich mache alles nur in Bezug auf mich selbst.*

Man ist nur kreativ, wenn man gegen vorgefasste Meinungen angeht.

Ich bin nur noch in meine Arbeit verliebt.

KARL ÜBER EINFÄLLE

Man muss spüren, was sich die Frauen wünschen. Das ist wie eine Art Spiel, eine Herausforderung.

Ich kann mich an nichts erinnern. Mein Geheimnis ist, alles zu verbrennen und wieder bei null anzufangen.

Ich werfe viel weg. Das Wichtigste (95 Prozent meiner Zeichnungen) in einem Raum ist für mich der Papierkorb. Ich habe kein Archiv.

Da ich nie zufrieden bin, was gleichzeitig mein Drama und mein Glück ist, denke ich, sobald eine Kollektion gezeigt worden ist, sofort an die nächste.

Ich arbeite, wie ich atme. Und hörte ich auf zu atmen, hätte ich ein Problem.

KARL ÜBER EINFÄLLE

Ich liebe es, Dinge zu
machen,
*aber nicht, mich daran zu erfreuen,
was ich gemacht habe.*

*Man erwartet von mir,
dass ich*
mache,
*und nicht, dass ich mich daran erinnere,
etwas gemacht zu haben.*

*Mein Leben besteht darin,
zu vergessen, was ich*
gemacht
habe.

KARL ÜBER EINFÄLLE

Ich bin für alles offen.
Und alles, was mit

Zeitgeist

zu tun hat,
ist mir recht.

KARL ÜBER EINFÄLLE

Mode als Kunst, das ist übertrieben!
Sie ist »angewandte Kunst«, sollte man sagen.
Kleidung entwerfen, das ist Handwerk:
Ich bin ein Handwerker!

Von Ratschlägen halte ich nicht viel. Ich habe
nie welche bekommen und gebe auch selbst keine.

Ich analysiere nicht, was ich tue.
Ich arbeite ohne Kommentar. Ich schlage vor.
Mein ganzes Leben besteht aus Vorschlägen.

Das Ziel der Mode und das Ziel der Arbeit eines
»Modeschöpfers« (wie man früher sagte) ist,
etwas zu entwerfen, was den Frauen (und Männern)
gefällt und was sie tragen möchten, ohne sie
mit dem Leiden der Kreation zu belasten, wie es
gewisse Kollegen in der Vergangenheit taten.

KARL ÜBER EINFÄLLE

*Das Schlüsselwort unseres Berufes ist das
Wort »Verlangen«. Und dieses Verlangen müssen
wir schaffen.*

⌒⌒

*Ich zeichne wie ich atme. Man atmet nicht auf Befehl.
Es passiert einfach.*

⌒⌒

*Modedesigner, die sich kasteien und zu ernst nehmen,
finde ich einfach grässlich, geradezu lächerlich;
Kleider entwerfen ist wichtig, aber es bleiben nur
Kleider. Wir sind nun mal nicht Kierkegaard!*

⌒⌒

*In diesem Beruf sollte man den Mund halten und
arbeiten! Die Dinge intuitiv schaffen. Ich versteh nichts
von Marketing. Ich bin einer, der zeichnet, was er sieht,
und der hofft, dass das Ergebnis gefallen wird.
Ich hasse das pseudointellektuelle Gerede über Mode.
Mode ist, was auf der Straße getragen wird.*

Wenn ich etwas unternehme, dann tue ich das hundertprozentig. **Ich bin wie eine Art professioneller Killer.**

KARL *UND DIE* PROVOKATION

KARL UND DIE PROVOKATION

Ich bin eine Art Modenymphomane, der nie einen Orgasmus hat. Ich bilde mir immer ein, ich könnte es noch besser machen.

Ich habe nicht gern Leute bei mir zu Hause. Sie sind herzlich willkommen, müssen aber abends wieder gehen. Ich hasse Promiskuität.

Wenn mir die Leute auf die Nerven gehen, rede ich allen möglichen Quatsch. Ich bin auch gern politisch unkorrekt, weil ich das politisch Korrekte nicht mehr ertrage. Man sollte politisch korrekt handeln, aber kein Unterhaltungsthema daraus machen. Das tötet jede Konversation …

Ich hasse Doppelzüngigkeit. Wenn ich Boshaftes über Leute sage, dann weil sie mir in der Vergangenheit etwas angetan haben. Und das gibt mir, in meinen Augen, das Recht, mich auf meine Art zu rächen und mich dabei so gut ich kann zu amüsieren.

ICH SAGE IMMER, WAS ICH DENKE, UND MANCHM{AL} SOGAR AUCH, WAS ICH NICHT DENKE.

KARL UND DIE PROVOKATION

*Ich hasse schlecht angezogene, ungepflegte Intellektuelle, so wie es seit 1968 »Mode« ist. In der Vergangenheit waren das alles sehr gepflegte Menschen. Sehen Sie sich mal Fotos **GROSSER DEUTSCHER ODER FRANZÖSISCHER DENKER DES 19. UND ANFANG DES 20. JAHRHUNDERTS** an … Die hatten **STIL!***

*Heutzutage wirken viele oft **SCHLAMPIG!***

KARL UND DIE PROVOKATION

Ich bin nicht Modedesigner geworden, um viel Wind zu machen und mein Ego mit abgehobenen und untragbaren Kollektionen zu streicheln. Für mich ist entscheidend, dass Frauen meine Entwürfe tragen und mit Freude dafür Geld ausgeben.

Wenn ich Russin wäre, dann wäre ich lesbisch. Die russischen Männer sind wirklich nicht sehr gut aussehend. Es gibt dort nur wenig Ausnahmen.

Ich trage eine dunkle Brille, wie Frauen einen BH tragen.

Weiße Haare zu haben war schon immer mein Traum. Trockenshampoo ist mein Kokain.

KARL UND DIE PROVOKATION

*Wie kann man sich langweilen, bei allem,
was es zu sehen, lesen, lernen und zu erfinden gibt?*

◈

*Martine Aubry, die in Frankreich die 35-Stunden-
Woche eingeführt hat, hat recht: Einer Arbeit,
für die man sich nicht begeistert, kann man nicht
länger als 35 Stunden nachgehen.*

◈

*Ob ich weiß, wie viel auf meinem Konto ist?
Das ist eine Frage für arme Leute, möchte man
darauf antworten.*

◈

*Jede Epoche bekommt, was sie verdient.
Wir haben das iPhone und das ist die bequemste
und unhöflichste Sache der Welt. Heute haben die
Leute drei Telefone vor sich liegen, die ständig
klingeln. Man klingelt nach ihnen, wie früher
nach dem Dienstmädchen. Auch nach mir.*

KARL UND DIE PROVOKATION

*Ich habe noch nie in meinem Leben gewählt.
Und werde es auch nie tun. Dazu kenne ich die
Mechanismen der Politik zu gut. Was man in den
Zeitungen liest, ermutigt einen nicht gerade dazu.
Zum Wählen muss man an all die Versprechen
glauben, die Politiker machen und dann nicht halten.
Aber wenn man mir einen Obama-Button schenkt,
dann will ich den gern tragen.*

*Dass die Leute ihren Popo zeigen, stört mich nicht,
aber wenn sie ihre Gefühle zu sehr zeigen, schockiert
mich das.*

*Sex kann sich abnutzen, echte Zuneigung aber
nicht so schnell.*

*Ich sage, was mir durch den Kopf geht, denn ich bin
ein freier Europäer.*

KARL UND DIE PROVOKATION

Ich hasse hochgeistige Gespräche.

Mich interessiert nur meine eigene Meinung.

KARL UND DIE PROVOKATION

Von einem Assistenten abgesehen, arbeite ich nur mit Frauen. Ich habe immer nur Probleme gehabt bei der Zusammenarbeit mit Männern, weil irgendwann immer der Augenblick kommt, an dem sie sich für besser halten als mich. Sie werden egozentrisch und sagen sich, dass, wenn ich es geschafft habe, sie es ja wohl auch schaffen könnten. Oft nach mehr als 20 Jahren, was schon ein Beweis ist, dass da nicht viel war.

Die Männer, die mit mir gearbeitet haben, waren sicher schrecklich frustriert … nicht ich zu sein. Das klingt entsetzlich, aber viele dachten, sie seien begabter als ich. Sie sind aber ausnahmslos in ihrer Karriere gescheitert.

Meine Mutter sagte, sie sei nie Feministin gewesen, weil sie dazu nicht hässlich genug gewesen wäre.

Meine Sonnenbrille ist meine Burka und mein »eye shadow«.

KARL UND DIE PROVOKATION

Als Kind wurde ich mit meiner älteren Schwester nach Kitzbühel geschickt. Sie hatte ein Verhältnis mit dem Skilehrer und ich habe mich zu Tode gelangweilt ... Damals habe ich mir geschworen, nie wieder einen Fuß in einen Wintersportort zu setzen. Da ich in diesen Jahreszeiten Kollektionen mache, besteht keine Gefahr, dass ich dahin müsste.

Die »Haute« Couture ist für viele Frauen auf der ganzen Welt heute die Schönheitschirurgie, weil da ja auch alles hochgezogen werden muss.

Gerechtigkeit gibt es nicht. Die soziale Ungerechtigkeit ist praktisch die Einzige, die sich beheben lässt. Wenn ein Mädchen hässlich ist, mit einem fetten Hängehintern, was soll man da machen? Sie wird nie eine Claudia Schiffer sein, und das ist eine echte Ungerechtigkeit.

ICH
HABE KEINE
MENSCHLICHEN
GEFÜHLE

*(Auf jeden Fall keine,
die man mir anmerken kann.)*

KARL
ÜBER
BERÜHMT-
HEIT

KARL ÜBER BERÜHMTHEIT

Ich werde nie meine Memoiren schreiben,
weil ich nichts zu sagen habe und sie noch »lebe«.

Und wenn ich sie schreiben sollte, dann dürften
sie erst nach meinem Tod veröffentlicht werden.
Vorher ist das unmöglich. Ich habe noch mit zu vielen
ein Hühnchen zu rupfen. Aber selbst ihnen den Gefallen
zu tun, sie auch nur zu erwähnen, missfällt mir.

Wenn ich mehr im Vordergrund stehe als viele
meiner Kollegen, dann vielleicht, weil ich ein großes
Mundwerk habe. Meine Berühmtheit hat kaum
mehr etwas mit meinem Beruf oder meinen Berufen
(denn ich habe ja mehrere) zu tun.

Ich will keine Realität im Leben der anderen sein.
Lieber eine Erscheinung. Erscheinen und verschwinden.

KARL ÜBER BERÜHMTHEIT

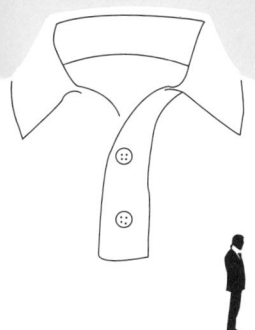

ICH BIN SO ETWAS WIE DAS KROKODIL VON LACOSTE GEWORDEN. Bald könnte man mich auf Hemden sticken.

Nebenbei gibt es das schon,
seit ich das gesagt habe.
Logofeld statt Lagerfeld.

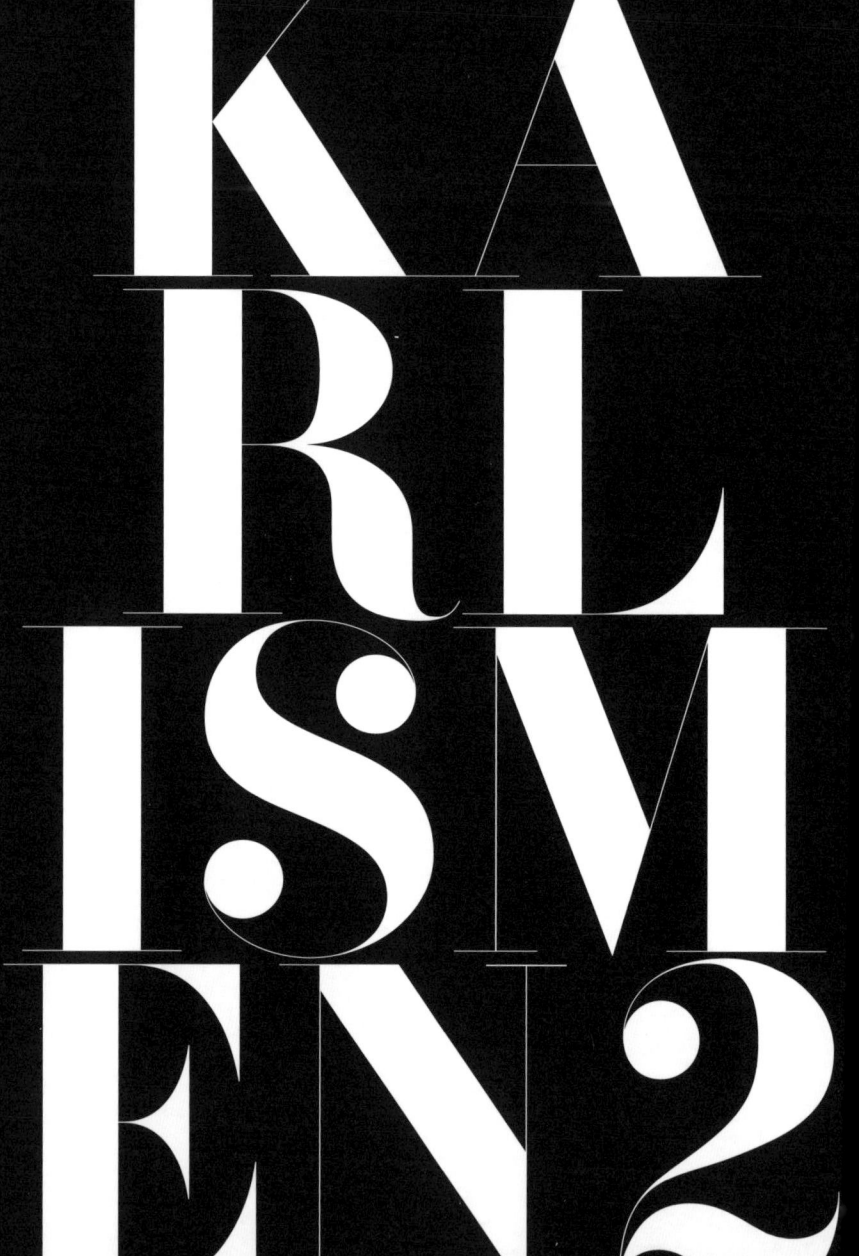

KARLISMEN
2

KARLISMEN 2

Ich hasse die Idee der Zeit, die vergeht.

Ich misstraue kleinen Männern. Sie sind von allen die boshaftesten, verbittertsten, nachtragendsten, die es gibt.

Ich hasse es, wenn man mich mit Fragen überfällt, um herauszubekommen, was dahintersteckt. Das geht doch nur mich etwas an.

Ich mag die Vorstellung von Verrücktheit in der Disziplin.

Ich finde Tätowierungen entsetzlich. Das ist so, als würde man Tag und Nacht ein Pucci-Kleid tragen.

KARLISMEN 2

*Straußenleder
mag ich nicht. Es sieht aus
wie ein schlimmer Fall
von Aknepickeln.*

KARLISMEN 2

**Es geht mir nichts mehr
auf die Nerven als Menschen,
die zu viel reden.**

**Und genau deshalb liebe
ich Stummfilme.**

KARLISMEN 2

Ich bin gegen das Morden von Tieren, aber ich mag auch das Morden von Menschen nicht, und das ist offensichtlich weit verbreitet.

⌒♪⌒

Ich habe immer eine Vorliebe für den Stummfilm gehabt. Ich mag es nicht, wenn in einem Film zu viel geredet wird.

⌒♪⌒

Energie sollte immer direkt sein. Man kann menschliche Energie nicht speichern. Strom ja, aber nicht den Strom der menschlichen Energie und Kreativität.

⌒♪⌒

Ich hasse Fernsehen, wenn ich allein bin. Menschliche Lebewesen, die vielleicht gar nicht existieren, bei mir zu Hause zu sehen und zu hören beängstigt mich. Ich will nicht, dass Melodramen und Tragödien in meine Privatsphäre dringen und meine Gefühle beeinflussen.

KARLISMEN 2

*Das Wort »Antiquitäten« gefällt mir nicht besonders,
vor allem wenn Menschen damit gemeint sind.*

*Im wahrhaft Vulgären liegt immer eine gewisse
Wahrheit, die mich berührt.*

*Die Epochen sind, was sie sind. Wir müssen
uns den Epochen anpassen und nicht umgekehrt.
Aber es gibt keine Maßanfertigung.*

*Meine Devise lautet: Was man geschaffen hat,
ist in meinen Augen unwesentlich, solange man sich
noch im Schaffungsprozess befindet.*

*Ich glaube an Zufall. Aber man muss ihn geschickt
ausnutzen.*

KARLISMEN 2

Wenn man kurzsichtig ist und die Brille abnimmt, sieht man in den ersten 10 Minuten aus wie ein Hund aus dem Tierheim, der adoptiert werden möchte. Und das ist wirklich nicht mein Look.

Die wahre soziale Ungerechtigkeit ist die Jugend. Dieser kleine Club, in dem man nie Mitglied auf Lebenszeit ist.

Eislaufen auf dünnem Eis ist okay, solange man rechtzeitig ans Ufer kommt, bevor es rissig wird.

*Ich bin kein »fortune teller«.
Ich bin ein* fashion teller.

KARLISMEN 2

*Für mich sind interessante Menschen diejenigen,
die etwas können, was ich nicht kann.*

*Was mich interessiert, ist nicht die Realität, sondern
die Vorstellung und die Idee, die ich davon habe.*

*Ehrerbietung und Respekt können lähmen.
Man muss Abstand haben.*

*Ich liebe Göttinnen der Antike. Das waren die ersten
emanzipierten Frauen, die ein Anrecht auf alles
hatten. Göttinnen und Musen sind Feministinnen!*

Was ich an der Arbeit mag, ist die Arbeit.

WAS MIR AN DER FOTOGRAFIE GEFÄLLT?

SIE HÄLT ERINNERUNGEN FEST, DIE UNWIDERRUFLICH SIND, FÜR IMMER VORBEI. EINE SEKUNDE HÄLT SIE FÜR DIE EWIGKEIT FEST.

KARL *ÜBER* BÜCHER

KARL ÜBER BÜCHER

Ich habe immer viel gelesen und lese immer noch sehr viel. Aber ich will das nicht zur Schau stellen und auch nicht darüber reden. Wenn die Leute mich für blöd und oberflächlich halten, ist mir das egal. Sollen sie denken, was sie wollen.

Ich lese bis zu 20 Bücher gleichzeitig, in drei bis vier Sprachen.

Lesen ist der größte Luxus in meinem Leben, das, was mich am glücklichsten macht.

Bücher sind mein Leben und meine Welt. Ich hatte schon immer Verständnis für die Sucht nach Büchern und für die Menschen, die davon besessen sind. Ich weiß um die Wirkung, die Bücher auf einen haben können. Sie unbegrenzt anzusammeln und sich an ihrer Gesellschaft zu erfreuen hat etwas sehr Beruhigendes.

KARL ÜBER BÜCHER

ICH LESE NICHT, UM DARÜBER ZU REDEN –
ich hasse intellektuelle Gespräche.

ICH WILL NUR WISSEN
und gut informiert sein.

**BÜCHER
SIND EINE
HARTE DROGE,
MIT DER
MAN KEINE
ÜBERDOSIS
RISKIERT.**

KARL ÜBER BÜCHER

Bücher kaufen ist eine Krankheit, von der ich nicht geheilt werden möchte.

Man müsste bei jedem Buchkauf die Zeit, es zu lesen, mitkaufen können, sagte Schopenhauer.

Ohne Bücher kann ich nicht leben. Ohne Bücher ist ein Raum wie tot oder wie ein Raum ohne Fenster, sagte Heinrich Mann.

Der Duft eines Buches ist der beste der Welt.

Ich bin verrückt nach Büchern. Bücher sind die Tragödie und das Glück meines Lebens.

Ich bin ein freiwilliges Opfer der Bücher.

KARL ÜBER BÜCHER

*Ich liebe moderne Kunst, aber ich will keine
bei mir zu Hause haben. Es fehlt mir an Platz.
Bei mir zu Hause will ich nur Bücher.*

*Ich habe drei Jobs. Mode, Fotografie und Bücher.
Und sie alle inspirieren sich gegenseitig.*

*Trotz meines vollen Terminkalenders lese ich dauernd,
ständig getrieben von meinem schlechten Gewissen,
ich hätte Wichtigeres zu tun, was aber die Lektüre
noch aufregender macht. Ich lebe umgeben von
Büchern. Würden Sie mein Zuhause kennen, dann
wüssten Sie, dass es ernst um mich steht.*

*In meinem Fall ist das Lesen eine schwere Krankheit,
eine pathologische Besessenheit.*

Ich bin Sklave meiner Bücher.

KARL ÜBER BÜCHER

ICH WILL
*alles lesen, alles sehen,
über alles
informiert sein.*

Ich bin ein
PAPIERJUNKIE.
*ein **PAPIERFREAK.***
*ein **PAPIERFRESSER.***

KARL
UND
ELISABETH

KARL UND ELISABETH

*Ich hatte genau die Eltern,
die ich brauchte.*

EINEN VATER,
der mir alles erlaubte,

UND

EINE MUTTER,
*die mir zeigte,
wo mein Platz ist,
und ihn mir mit Humor
und einer gewissen
Strenge zeigte.*

KARL UND ELISABETH

Meine Mutter sagte mir:
»Du musst raus aus Hamburg. Hier kannst du
höchstens Zeichenlehrer werden …
aber dafür war ich nicht neun Monate schwanger.«

In Sachen Eleganz nannte mir meine Mutter
immer zwei Deutsche als Vorbild, Harry Graf Kessler
und Walther Rathenau:
»Das sind tolle Männer. Alle anderen kannst du
vergessen. Die sind nicht elegant.«

Meine Mutter sagte: »Ich bewundere, was du
machst, weil es zeigt, dass du kein Snob bist.
Ein Snob würde nie eine solche Arbeit tun –
du hast dein Talent nicht ausgeschöpft.«
Damals hatte die Mode noch nicht das Prestige
von heute … Sie sagte es vor fast einem halben
Jahrhundert.

KARL UND ELISABETH

Als ich mit elf Jahren meine Mutter fragte,
was Homosexualität ist, hat sie geantwortet:
»Das ist weiter nichts. Das ist wie eine Haarfarbe:
Manche sind blond und manche sind braun.«

Das Drama meines Lebens ist, dass ich immer
zu spät komme. Ich kam erst drei Wochen nach
dem vorhergesehenen Geburtstermin zur Welt.
Meine Mutter erzählte, sie sei jeden Tag
in die Klinik gegangen, aus Angst, diese
»Schweinerei« könnte zu Hause stattfinden.
Diese drei Wochen habe ich nie eingeholt.

Ich mag Hüte. Als Kind trug ich Sepplhüte,
bis mir meine Mutter einmal sagte, da muss ich
so acht Jahre alt gewesen sein: »Trag lieber
keinen Hut; du siehst aus wie eine alte Lesbe.«
Sie hatte Humor, nicht wahr?
Ich wusste gar nicht, was das war.

Ich bin in einer Hafenstadt geboren, in Hamburg, über die meine Mutter sagte:

»Das ist das Tor zur Welt, aber eben nur das Tor. Also musst du hier raus!«

MEINE MUTTER HAT VERSUCHT, MICH FÜR DAS KLAVIERSPIEL ZU BEGEISTERN. EINES TAGES KLAPPTE SIE DEN KLAVIERDECKEL AUF MEINEN FINGERN ZU UND MEINTE:

»ZEICHNE LIEBER, DAS MACHT WENIGER LÄRM.«

KARL UND ELISABETH

Ein anderes Mal sagte meine Mutter – schon wieder sie – über Männer: »Man kann sich von jedem x-beliebigen Mann ein Kind machen lassen. Man sollte die Bedeutung der Männer nicht überschätzen!«

Wenn meine Mutter mit einem Liebhaber Schluss machte, sagte sie: »Er war für meine geistige Entwicklung nicht mehr vonnöten.«

Wenn man sich nur für sich selbst interessiert, dann ist man später zugänglicher für die anderen. Meine Mutter sagte: »Man darf sich nicht zu sehr aufopfern, sonst hat man später nichts mehr zu geben. Also, denk an dich, dann bist du den anderen gegenüber aufgeschlossener.«

Meine Mutter sagte auch: »Ich muss wohl mit dir zum Tapezierer, deine Nasenlöcher sind zu groß. Da gehören Gardinen vor.«

KARL UND ELISABETH

Mein Leben lang habe ich von ihr gehört:

»Du siehst mir ähnlich, aber du siehst nicht so gut aus wie ich.«

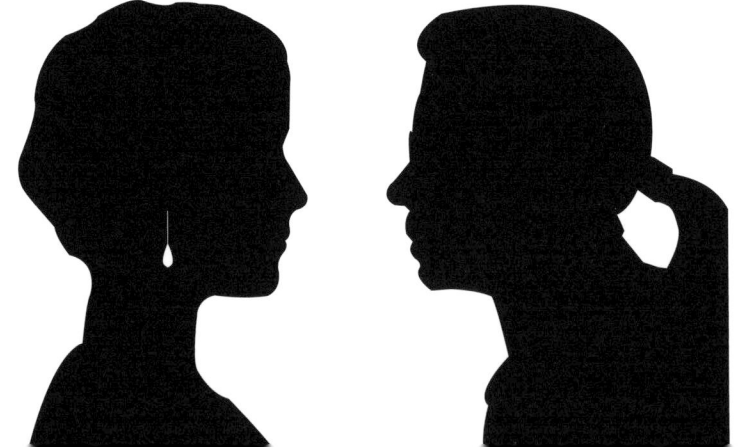

KARL UND ELISABETH

*Für meine Mutter war das Wichtigste im Leben,
sehr schlank zu sein. Wenn sie mich in Paris besuchte,
sagte sie: »Schade, dass du dich nicht von hinten
sehen kannst. Du hast einen dickeren Hintern
bekommen!«*

*Mit 14 wollte ich sein wie meine Mutter,
die rauchte wie ein Schlot. Ich begann zu rauchen,
um auf Erwachsen zu machen. Meine Mutter meinte:
»Du solltest lieber nicht rauchen. Du hast keine
besonders schönen Hände, und wenn du rauchst,
dann zieht es nur die Blicke auf sie.«*

*Ich erinnere mich, dass meine Mutter mich
an meinem 24. Geburtstag anrief und sagte:
»Ach, übrigens: Ab 24 Jahre gehts bergab.
Also, pass ab jetzt lieber auf. Deine Jugend kannst
du endgültig begraben.«*

KARL UND ELISABETH

Als Kind standen mir manchmal meine gelockten Haare an den Schläfen ab. Einmal meinte meine Mutter: »Weißt du, woran du mich erinnerst? An eine Porzellanterrine aus der Straßburger Manufaktur.« Die mit den lächerlichen Henkeln.

Meine Mutter wiederholte ständig: »Für den Stuss, den du erzählst, musst du schneller sprechen. Ich habe keine Zeit zu verlieren.« Dann stand sie auf und ging aus dem Zimmer.

Nach dem Tod meines Vaters verkaufte meine Mutter das Haus und schickte mir die Möbel meines Kinderzimmers, die ich bis heute besitze. Als ich sagte: »Aber im Schreibtisch war doch mein Tagebuch!«, antwortete sie: »Ich habe es weggeworfen. Ist es denn unbedingt notwendig, dass die ganze Welt erfährt, was für ein Idiot du als junger Mensch warst?«

Meine Mutter war sehr schlagfertig!

*Dagegen bin ich
direkt zurückhaltend.*

KARL *ÜBER* KARL 2

KARL ÜBER KARL 2

Mich selbst definieren? Das ist das Allerletzte, worauf ich käme. Ich kann ja morgen schon genau das Gegenteil sein von dem, was ich heute bin!

Was ich kann? Nichts. Ein bisschen reden, ein bisschen zeichnen. Ich habe ein paar vage Ideen und Gott sei Dank gibt es Leute, die mir helfen, sie umzusetzen. Ich habe nie studiert und keinerlei Diplom.

Ich bin so alt wie mein Gehirn.

In gewisser Weise bin ich alterslos. Ich gehöre keiner Generation an.

Wenn ich wirklich von irgendetwas kilometerweit entfernt bin, dann ist es von politischer Korrektheit. Man sollte so sein, aber kein Unterhaltungsthema daraus machen.

KARL ÜBER KARL 2

Mein Alter?

Jeder weiß, dass ich

100 Jahre alt bin

– also ist das völlig unwichtig.

KARL ÜBER KARL 2

*Als Gast bin ich nicht zu empfehlen:
zu anspruchsvoll.*

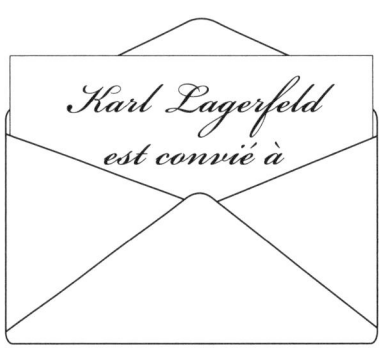

KARL ÜBER KARL 2

Ich würde niemand zu etwas anstiften, aber auch keinem helfen seinen Kopf aus der Schlinge zu ziehen.

Ich kann schon anderen Angst einflößen, aber nicht mir selbst. Ich weiß, wer sich hinter der dunklen Brille verbirgt.

Mir selbst gegenüber bin ich kompromisslos, aber anderen gegenüber bin ich die Nachsicht in Person. Weil ich mich nur für mich selbst interessiere, oder genauer gesagt für das, was ich tue. Und kaum für andere Leute.

Eine Wahrsagerin hatte meiner Mutter vorausgesagt, dass ich Priester werde, aber das wollte meine Mutter unbedingt verhindern. Also verbot sie mir zur Kirche zu gehen. In meiner Kindheit war ich bei keiner Hochzeit und keiner Beerdigung. Noch nicht einmal bei der Christmesse zu Weihnachten.

KARL ÜBER KARL 2

Ich habe schon vor langer Zeit damit aufgehört, über mich selbst nachzudenken.

Von dem Augenblick an, an dem ich mit mir selbst übereinstimme, kann ich alles mit mir machen.

Ich habe nichts dagegen, ein Monster zu sein, aber es gibt Grenzen.

Das Wichtigste, was man über mich wissen sollte, ist, dass nicht alles wahr ist, was andere über mich sagen.

Ich mag es, wenn Menschen erst einmal unsympathisch wirken und man sie dann entdeckt. Ich lächle auch kaum in der Öffentlichkeit, ich finde das wirkt dämlich.

KARL ÜBER KARL 2

Mein

Ego

habe ich hinter mir gelassen, hoffe ich.

KARL ÜBER KARL 2

*Die Mutter aller Verbrechen ist die Frustration
und ich bin nicht im Geringsten frustriert!*

*Für Menschen wie mich ist Alleinsein ein Sieg und
keine Niederlage!!!*

*Ich hatte schon immer Übergewicht … im Kopf.
Der Rest kam später, bin ich aber wieder losgeworden.*

*Ich habe immer etwas zu tun. Je mehr ich mache,
desto mehr Ideen habe ich. Das Gehirn ist ein Muskel
und ich bin eine Art geistiger Bodybuilder.*

*Mein »Innerstes«, das sich durch einen Blick
erraten lässt, ist nicht wirklich etwas, was ich
anderen, unbekannten Menschen vorführen möchte.
Daher die dunkle Brille.*

Ich bin eine Art Puritaner. Das gibt mir Halt. Das hat weniger mit meiner Erziehung zu tun als mit MEINEM PREUSSISCHEN RÜCKGRAT. Man kann nicht über seinen Schatten springen …

**Ich habe persönlich
nichts zu sagen.
Ich antworte nur auf Fragen.**

KARL ÜBER KARL 2

*Wenn es eine Sache auf der Welt gibt, die ich liebe,
dann ist das LERNEN.*

*Es gibt vielleicht fünf Menschen auf der Welt,
deren Urteil mir wirklich etwas bedeutet.
Die Meinung aller anderen ist mir so gut wie egal.*

*Ich bin nie mit mir zufrieden. Ich denke immer,
dass ich es noch besser machen kann, dass
ich faul bin, dass ich mir nicht genug Mühe gebe.*

*Ich liebe Wissen. Ich möchte alles wissen.
Über alles informiert sein. Ich bin eine Art
alleswissender Concierge, kein Intellektueller.*

Ich trage zu Hause nie eine Brille. Ich brauche keine.

*Ich bin
zum Shoppen geboren.
Ich gehe für mein
Leben gern einkaufen.
Das Geld muss ja wieder
unter die Leute!*

KARL ÜBER KARL 2

Ich gebe mich wahnsinnig gern oberflächlich. Ich will nicht seriös sein. Ich mag gern dummes Zeug reden und mich so benehmen, als wäre ich oberflächlich und ein bisschen unbedarft, weil es nichts Langweiligeres gibt als eine ernste intellektuelle Botschaft. Ich bin kein Träger von Botschaften.

Ich gehe nie ohne meine berühmte schwarze Brille aus dem Haus. Ich will sehen, nicht gesehen werden.

*Ich mag es, wenn alles waschbar ist.
Bei mir selbst angefangen.*

KARL ÜBER KARL 2

Ich wusste schon immer, dass ich für dieses Leben, so wie ich es lebe, geschaffen bin. Dass aus mir diese Art von Legende würde …

⁂

Ich habe nichts dagegen, nett zu sein, aber man darf es nicht merken.

⁂

Ich kenne nur eine Rolle, meine.

⁂

Ruhiger zu werden kommt gar nicht infrage. Das entspricht nicht meinem Wesen.

⁂

Die Vorstellung, andere mit meinen sterblichen Überresten zu belasten, ist mir unerträglich. Grauenhaft! Vorbei ist vorbei! Von Gedenken halte ich nichts. Wenn es so weit ist, muss man sich davonmachen. Ich bewundere die Tiere im Urwald. Wenn sie sterben, verschwinden sie spurlos.

Ich bin wie eine verderbliche Ware.

Was ich sage, ist nicht lange haltbar.

Meinungswechsel gehört zur Mode.

QUELLEN

ZEITSCHRIFTEN UND BÜCHER

Air France magazine • Another Mag • Art Auction • Bazaar • Connaissance des Arts • Daily Telegraph • Depeche Mode • Die Zeit • Elle • Elle UK • Elle Decoration India • France 2 • France 3 • Glass • GQ • ID magazine • Independent Style Magazine • Infolunettes • InStyle • L'Express • L'Officiel de la Mode • Le Figaro • Le Figaro Madame • Le Figaro Magazine • Le Parisien • Le Point • Le Temps de la Mode • Les Échos • Les Inrockuptibles • Libération • Libération Next • M le Magazine • Magazine • Marie-Claire • Metro • Mirabella • Mixte • New York Times Style Magazine • Newsweek • New York Magazine • Numéro • Observer Magazine • Obsession • Paris Capitale • Série Limitée • Stiletto spécial Chanel • Tatler • Télérama • The Times Luxx Magazine • Town and Country • Vice • Vogue Australia • Vogue France • VSD • W Magazine • Ykone • Süddeutsche Zeitung Magazin • The Karl Lagerfeld Diet

DOKUMENTATIONEN UND INTERVIEWS

Canal + • CNN • Interview mit Frédéric Beigbeder • Europe 1 • France 2 • France Inter • Gulfnews.com • Interviews mit Alexandra Golovanoff • Karl.com • Karl Lagerfeld se dessine (Loïc Prigent, 2013) • Lagerfeld Confidential (Rodolphe Marconi, 2007) • Paris Première • Programme Nijinsky 2004 • RTL • TF1 • ZDF

ÜBER DIE AUTOREN

Jean-Christophe Napias ist Autor, Übersetzer und Lektor, unter anderem von Büchern über Dandys, Musik und »Camp«-Kultur. *Sandrine Gulbenkian* ist Direktorin des Pariser Verlagshauses Parigramme. *Patrick Mauriès* ist Schriftsteller und Herausgeber einiger angesehener Titel zu Mode und Design.